Spetter

Voor Wolf van Lam

Ben Kuipers
tekeningen van Ingrid Godon

De dag begint

De zon schijnt naar binnen.
Lam rekt zich uit.
Hij kreunt ervan.
Lam gaapt als een leeuw.
Nu is hij van top tot teen wakker.
Hij komt zijn bed uit.
Nee, eerst nog één gaap.
Lam kijkt om zich heen.
'Dag,' groet hij de zon.
'Dag dag,' groet hij de dag.
Hij stapt uit bed.
Hij loopt naar de spiegel.
Jawel, hij ziet zichzelf.
Lam praat met Lam.
'Dag,' groet hij.
'Dag,' zegt dat lam.
'Je ziet er leuk uit,' zegt Lam.
Lam-in-de-spiegel lacht.
'Jij ook,' zegt hij.
'Fijn,' zegt Lam.
'Wat doe je vandaag?' vraagt dat lam.

'Eerst eet ik wat,' zegt Lam.

'Daarna ga je naar Wolf,' zegt dat lam.

'Niks ervan!' roept Lam.

'Eerst werk ik!'

'Oei,' zegt Lam-in-de-spiegel.

'Moet dat?'

'Ja, dat moet,' zegt Lam.

'Wat ben je streng voor jezelf,' zegt dat lam.

'Het moet nu eenmaal,' legt Lam uit.

'Werk hoort erbij.'

'Doe je de afwas?' vraagt dat lam.

'Is dat het werk?'

Lam trekt een vies gezicht.

Lam-in-de-spiegel doet mee.

'Jakkes! Afwas!' zegt Lam.

'Ik vind de afwas zo naar!

Ik doe hem wel een keer.

Maar straks nog niet.'

'Goed zo,' zegt Lam-in-de-spiegel.

'Ik werk in de tuin,' zegt Lam.

'Ga je daarna naar Wolf?' vraagt dat lam.

'Ja,' zegt Lam.

'Wat een vriend is Wolf,' zegt het lam.

'Nou en of!' roept Lam.

'Maak iets moois van de dag,' zegt dat lam.

'Nou en of!' roept Lam weer.

Dan ontbijt hij.

Werken in de tuin

Lam loopt in zijn tuin.
De lucht ruikt naar gras, zon en bloemen.
Lam kijkt naar zijn gras.
Het is heel groen en hoog.
Hij knipoogt naar de zon;
wat doet die weer zijn best.
Hij kijkt naar de bloemen;
wat een kleuren.
De bij doet ook haar best.
Ze gaat van bloem tot bloem.
Zoem-zoem-zoem.
Het is haast een liedje.
Er hangt een liedje in de lucht.

'Wat een weertje,' zegt Lam.
'Alweer mooi weer!'
Hij kijkt naar de grond.
Daar groeit onkruid.
'Een tuin is fijn,' zegt Lam.
'Maar wat geeft een tuin veel werk.
Dat onkruid moet eruit.'
Hij kijkt nog eens naar de grond.
'Het ís onkruid.
Maar het is ook mooi.
En het is nog zo jong.

Het is net uit de grond.
Weet je wat?
Ik wied het.
Maar nu nog niet.
Ik doe het ooit een keer.'

Lam kijkt naar zijn huis.
'Daar mag best een verfje op.
Dat is goed voor het huis.
Weet je wat?
Dat doe ik wel een keer.
Maar nu nog niet.'

Tussen de tulpen ligt zomaar een takje.
Dat hoort daar echt niet!
Lam raapt het takje op.
Hij gooit het in het gras.
Ziezo; takje weg.
Lam rekt zich uit.
'Genoeg gedaan,' zegt hij.
'Voor vandaag is het werk klaar.
Nu heb ik tijd voor mezelf.
Nu ga ik fijn naar Wolf.'

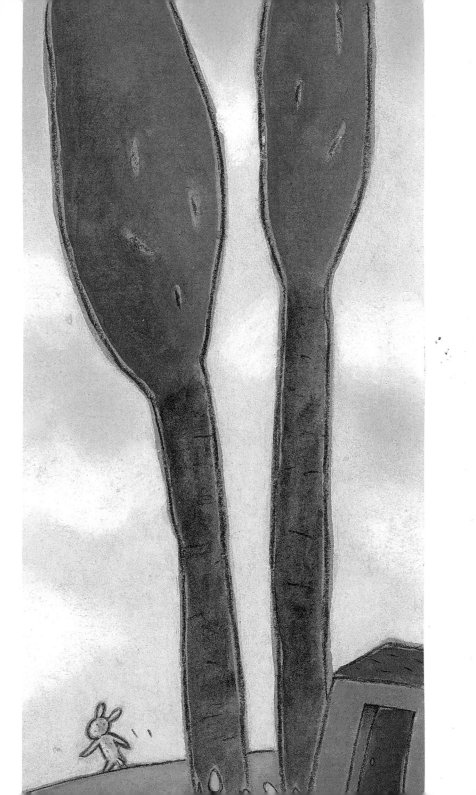

Op weg naar Wolf

Lam loopt zijn tuin uit.
'Hoi, Lam,' zegt een stem.
Naast de brem zit een haas.
De haas is al oud; zijn vacht zit vol grijs.
'Wat een weertje,' zegt de haas.
'Nou!' roept Lam.
'En het blijft altijd zo mooi.
Dat denk ik.'
'Ik denk van niet,' zegt de haas.
'Na goed weer komt slecht weer.
Zo was het altijd.
Zo blijft het dus altijd.'
'Wat rot,' treurt Lam.

'Ben je alleen?' vraagt de haas.
'Is die wolf niet in de buurt?'
'Nee,' zegt Lam.
'Mooi,' zegt de haas.
'Dan loop ik met je mee.'
'Leuk,' zegt Lam.
'Ik wandel naar Wolf.'
'Ik ga niet ver mee,' zegt de haas.
'Een eindje maar.
Niet tot aan zijn huis.'
'Gaan we door het bos?' vraagt Lam.

'Nee!' gilt de haas.
'Daar kan die wolf zijn!
Verstopt naast een boom.
Nee, we gaan door het veld.
Daar zie ik hem van ver.
En dan ben ik zo weg.'
'Jij je zin,' zegt Lam.

Lam loopt naast de haas door het gras.
'Ben jij nooit bang?' vraagt de haas.
'Nee, nooit,' zegt Lam.
'Voor onweer ben ik niet bang.'
'Huu... Onweer...' De haas rilt.
'Want dan zegt Wolf:
"Ik ben bij je",' zegt Lam.
'Dan ben ik niet bang meer.
Ook voor brand ben ik niet bang.'
'Hoei... brand...' De haas bibbert...
'Dat komt door Wolf,' zegt Lam.
'Dan roept Wolf hard: "Brand!"
Hij rent mijn huis in.
Hij redt me uit mijn huis.
Door Wolf ben ik nooit bang.'
'Doe niet zo stom,' roept de haas.
'Ben jij nooit bang voor die wolf?
Dát bedoel ik.'
'Bang voor Wolf?'

Lam schiet in de lach.
'Hoe kan dat nou?
Wolf vindt mij lief.
Want ik bén lief.
En ik vind Wolf lief.
Want Wolf ís lief.
Dat was altijd zo.
Dat blijft altijd zo.'
'Een wolf is nooit lief,' zegt de haas.
'Wel! Wel! Wel!' roept Lam.
'Ik doe alles voor Wolf!
Zó lief is hij!'
'Wat doe je dan?' vraagt de haas.
'Doe je de afwas voor hem?'

'Nee,' zegt Lam.
'Maar ik doe wel wat anders.
Ik help bij brand.
Dan roep ik heel hard: "Brand!"
En dan rent Wolf zijn huis uit.
Nog meer doe ik.
Wolf valt in een kuil.
De kuil is heel diep.
Wolf komt er niet zelf uit.
De kuil is te diep.
Dan ren ik naar mijn huis.
Ik pak een dik touw.
Ik ren weer naar de kuil.

Dan hijs ik Wolf die kuil uit.'
'Lukt je niet,' zegt de haas.
'Hij is te zwaar voor je.'
'Dan roep ik hard: "Help!"'
'En als er niemand komt?' vraagt de haas.
'Dan spring ik in die kuil,' roept Lam.
'Dan is Wolf niet alleen.
Dan zijn we beiden in de kuil.
Dat doe ik voor Wolf.'
'Maar de afwas niet,' zegt de haas.
Lam schudt zijn hoofd.
'Daar heb ik zo de pest aan.
Maar dat vindt Wolf niet erg.
Hij wast gewoon zelf af.
Soms helpt hij bij mijn afwas.
Ik geef Wolf graag iets.
Zó lief is hij.'
'Wat geef je hem dan?' vraagt de haas.
'Een peer?' stelt Lam voor.
'Heeft die wolf dan geen peertjes?'
vraagt de haas.
'Jawel; een boom vol,' zegt Lam.
'Daar eet ik mijn buik rond mee.'
'Dan heeft hij niks aan een peer.'
'Ik geef geen peer,' zegt Lam.
'Ik geef Wolf een bloem.'
'Heeft hij die niet?' vraagt de haas.

'Jawel, een tuin vol,' zegt Lam.

'Nee, ik geef geen bloem.

Ik geef Wolf een pot goud!'

'Heb jij dan een pot goud?' vraagt de haas.

Lam schudt zijn hoofd.

'Wat geef ik Wolf?' mompelt hij.

Dan juicht hij en danst.

Lam rent naar zijn huis.

De haas rent mee.

'Ga je niet naar die wolf?'

'Jawel, maar eerst naar huis.

Ik heb daar een doos.'

'Wat doe je er in?' vraagt de haas.

Lam staat stil.

Hij fluistert iets in zijn oor.

'Vindt hij dat fijn?' vraagt de haas.

'Vast!' roept Lam.

'Kan zijn,' aarzelt de haas.

Een pakje voor de deur

Wolf ruimt zijn keuken op.
'Ik plukte bessen,' knort hij.
'Ik kookte de bessen met suiker.
Nu heb ik twee potten saus.
Een daarvan is voor Lam.
Die breng ik hem nú.'

Wolf kan zijn deur haast niet uit.
Daar staat een doos voor.
Met een strik en een bloem op het deksel.
'Poe, poe,' zegt de doos.
'Wat bleef je lang weg.
Ik sta hier al een poos.'
'Wat... wat is dat?' zegt Wolf.
'Dat ben ik dus,' zegt de doos.
'Ik ben een pakje voor jou.'
'Wat zit er in?'
'Raad maar.
Je bent er dol op.'
'Kip of kalkoen?' vraagt Wolf.
'Ik ben dol op kalkoen en kip.
Die braad ik goudbruin.
En ik maak soep van ze.
En ik...'
'Nee!' roept het pakje. 'Fout!'

'Zit er haas in of koe?'
'Fout! Je eet het niet.
Het hoort bij jou.
Jij kunt niet zonder.
Het is heel leuk en lief.
En het heeft krullen.'
'Wat kan dat toch zijn?' zegt Wolf.
Het deksel vliegt van de doos.
'Ik!' roept Lam.
'Lam!' roept Wolf.
'Is dit geen fijn pakje!' zegt Lam.
'Een fijner is er niet,' zegt Wolf.
'Gaan we naar binnen?' vraagt Lam.
'Ik heb een beetje dorst.
Zo lang zat ik in die doos.'
'Ik ging net naar jou,' zegt Wolf.
'Wat leuk!' roept Lam.
'Dan loop ik met je mee.'

Het eind van de dag

De zon zakt weer.
Het wordt al donker.
Lam loopt zijn tuin in.
Daar werkt Wolf.
'Het brood staat klaar,' zegt Lam.
'Ik ben ook net klaar,' zegt Wolf.
'Gras gemaaid, onkruid gewied.'
'Raad eens,' zegt Lam.
'Ik heb iets fijns bij het brood.'
'Ik weet het echt niet,' zegt Wolf.
'Mijn pot saus van bessen,' zegt Lam.
'Lekker! Lekker! Lekker!' roept Wolf.
'Wat heb ik daar zin in!'
'Nou geef ik jou alweer wat,' zegt Lam.
'Dat doe je zo vaak,' zegt Wolf.
'O ja?' vraagt Lam verbaasd.
'Wat dan?'
'Vriendschap,' zegt Wolf.
'Lam, ik ben blij met je.'
'Wolf, ik ben blij met jou,' zegt Lam.

Omdat ik je heel goed ken...
Omdat ik zo graag bij je ben...
Wat geef ik jou
Omdat ik van je hou?

Een golf? Een vis? Een schat?
Een schelp? Een fee? Een elf?
Ik weet al wat.
Ik geef mezelf.

Spetter 3

Serie 1, na 4 maanden leesonderwijs, sluit aan bij *Veilig leren lezen* kern 7.
Serie 2, na 5 maanden leesonderwijs, sluit aan bij *Veilig leren lezen* kern 8.
Serie 3, na 6 maanden leesonderwijs, sluit aan bij *Veilig leren lezen* kern 9.
Serie 4, na 7 maanden leesonderwijs, sluit aan bij *Veilig leren lezen* kern 10.
Serie 5, na 8 maanden leesonderwijs, sluit aan bij *Veilig leren lezen* kern 11.
Serie 6, na 9 maanden leesonderwijs, sluit aan bij *Veilig leren lezen* kern 12.

In serie 3 zijn verschenen:
Lieneke Dijkzeul: Je bent een koukleum!
Lian de Kat: Stijntje Stoer
Wouter Klootwijk: Lies op de pont
Rindert Kromhout: Feest!
Ben Kuipers: Wat fijn dat hij er is
Paul van Loon: Ik ben net als jij
Hans Tellin: Mauw mag niet mee
Anke de Vries: Juf is een spook

In serie 4 zijn verschenen:
Rindert Kromhout: De dichte doos
Erik van Os en Elle van Lieshout: Een roos voor de juf
Frank Smulders: Een bloem voor de maan
Hans Kuyper: In het diepe
Gitte Spee: Willem en de nacht
Dirk Nielandt: Hop, naar bed!
Ben Kuipers: Voor Wolf van Lam
Selma Noort: Een super speeltuin

In serie 5 zijn verschenen:
Annemie Heymans: Niet leuk voor Sjaantje
Rindert Kromhout: Wat een verhaal!
Ben Kuypers: Wolf en Lam
Hans Kuyper: De prinses op het hek
Koos Meinderts: Moef wil weg
Gitte Spee: Van een verre planeet
Dolf Verroen: Net echt
Truus van de Waarsenburg: Een mooie bolle big

Spetter is er ook voor kinderen van 7 en 8 jaar.

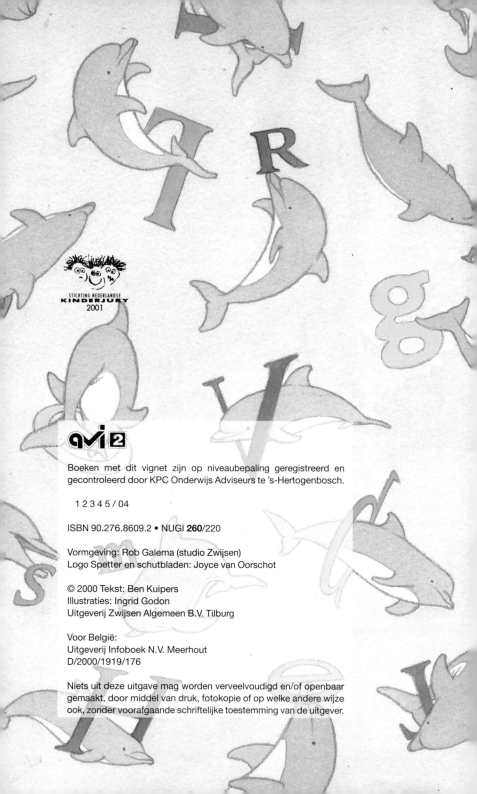

STICHTING NEDERLANDSE
KINDERJURY
2001

avi 2

Boeken met dit vignet zijn op niveaubepaling geregistreerd en
gecontroleerd door KPC Onderwijs Adviseurs te 's-Hertogenbosch.

1 2 3 4 5 / 04

ISBN 90.276.8609.2 • NUGI **260**/220

Vormgeving: Rob Galema (studio Zwijsen)
Logo Spetter en schutbladen: Joyce van Oorschot

© 2000 Tekst: Ben Kuipers
Illustraties: Ingrid Godon
Uitgeverij Zwijsen Algemeen B.V. Tilburg

Voor België:
Uitgeverij Infoboek N.V. Meerhout
D/2000/1919/176